<small>ワインがおいしい!</small>

SUPERMARKET 成城石井 流

楽ウマおつまみ

イースト・プレス編

プロローグ

「成城石井」と聞いて、あなたは何を思い浮かべますか。
高品質スーパー、ワインが豊富、輸入食材がたくさんある……そんなイメージでしょうか。

「成城石井」は、その名のとおり東京都世田谷区成城にて、1927年に創業しました。スーパーマーケットとして事業を始めたのは、1976年。当時の成城には芸術家や映画スターなど、国内だけでなく海外も飛び回っていた方々が多く住んでいたため、目も舌も肥えたお客さまからさまざまな要望が寄せられたといいます。その期待にお応えしようと努力してきたことが、現在の成城石井スタイルの礎となっているそうです。

自分たちが納得できるおいしさを自分たちの手で作ろうと、1996年には自社工場「セントラルキッチン」を開設しました。自家製の惣菜やスイーツ、ハムやベーコンなどが徹底した品質管理の中で、妥協することなく、作られています。

また、成城石井の食材は、味、品質、お求めやすさにこだわってバイヤー自らが日本のみならず、世界各地で調達し、鮮度よく店頭で提供されています。

そんなこだわりの商品を本書では、ワインに合う簡単おつまみにアレンジしています。調理時間は10分以内とお手軽なレシピを中心に、女子会やパーティーでも、ひとりの家飲みでも、気持ちが華やぐようなおしゃれな料理が満載です。

「とりあえず」の前菜から、「しっかり」メイン・ごはん、「ささっと」スイーツまで、メニューは豊富。ワインがおいしい季節。絶品のおつまみをワインと合わせて、素敵な時間を過ごしてみてはいかがでしょうか。

目次

プロローグ……2

1章 「とりあえず」冷菜

バルサミコソースの前菜2種……8
しめ鯖前菜2種……10
洋風だしカルパッチョ……12
ちょい足しいろいろ冷奴……14
さっぱりマリネ2種……16
あぶりしめ鯖の和風サラダ……18
簡単生春巻き……20
粗挽きウインナーの
サラダ仕立て……22
シーザーサラダ……24
ちょこっとチーズの
盛り合わせプレート……26

● 成城石井で買える
チーズコレクション……28

2章 「ほっこり」温菜

チーズトーストの簡単カナッペ……30
簡単コロッケ……32
ポテトチップスのチーズ焼き……33
グリーン野菜の
ジェノベーゼソースがけ……34
バーニャカウダと
スープフォンデュ……36
ベーコンとじゃがいもの
バジルソース……38
しらすのガーリックキャベツ……39
豆腐グラタン……40
さんまのアツアツアヒージョ……42
パスタソースの
お手軽ココット3種……44

● 成城石井のパスタソース……46

3章 「簡単」だけどおいしいメイン

洋風おでん……48
ごちそうアクアパッツァ……50
ほたて&えびのプッタネスカソース……52
サーモングリルのウニクリームソースがけ……54
お手軽ブイヤベース……56
白菜と豚肉の塩麹蒸し鍋……58
ウォッシュチーズのランプステーキ……60
ローストチキンの濃厚ゴマドレがけ……62
マーマレード&生姜風味のポークソテー……64
ハンバーグのリッチソース煮込み……66
ステーキのゴルゴンゾーラ
ソースがけ……68
フライパンでローストビーフ……70

● 成城石井で買える
　ハム、ソーセージ、ベーコン……72
● おいしさをアップさせる
　リッチなオリーブオイル……73

COLUMN ワインの基本……74

4章 「しっかり」パスタとごはん

トマトとアボカドの冷たいパスタ──76
濃厚クリームチーズとトロトロ卵のパスタ──78
トリュフオイルのリゾット──80
手まり鮨いろいろ──82
ココナッツオイルを使った本格グリーンカレー──84
● 成城石井で買える話題のスーパーフード──86

5章 「ささっと」スイーツ

バナナのキャラメリゼ──88
マスカルポーネのデザート2種──90
● 成城石井のスイーツ──92

6章 「おもたせ」成城石井の逸品

プレミアムチーズケーキ＋オリーブ＋生ハム──94
枝付きレーズン＋乾燥イチジク＋プレミアムチーズコレクション──96
オレンジケーキ＋フルーツケーキ──98
● 盛りつけるだけで簡単おつまみ──100
● 成城石井　店舗ガイド──101

本書の使い方

- 材料の分量と作り方は2人分を基本としており、ドレッシングやソースなどは作りやすい分量を記載しています。
- 計量の単位は大さじ1＝15㎖、小さじ1＝5㎖を基準としています。
- 火加減や加熱時間はあくまで目安です。様子を見ながら調整してください。

 ▶ 各料理に合うワインを示しています（左からスパークリング、ロゼ、白ワイン、赤ワイン）。やや甘口、辛口、しっかりめ、軽めなど各ページのコメントも参考に。

Point ▶ 調理するうえでのポイントやアレンジ、盛りつけのコツなどを掲載しています。

1章
「とりあえず」冷菜

ささっと短時間で作れる冷菜おつまみは、最初の1杯にぴったりです。とりあえずの1品は決まり!

| Appetizer |

バルサミコソースの前菜2種

いつものチーズがかわいい前菜に

グラノーラでヘルシーに！
クリームチーズのバルサミコソースがけ

材料（2人分）

クリームチーズ……………… 100g
グラノーラ…………………… 30g
バルサミコソース、セルフィーユ、
ピンクペッパー……………… 各適量

作り方

1 クリームチーズを常温に置いて、柔らかく戻しておく。
2 ❶にグラノーラを練り込む。
3 ❷をフットボール状（クネル型）にして器にのせ、バルサミコソースをかける。
4 セルフィーユとピンクペッパーを飾る。

生ハムといちごは相性◎
いちごのマスカルポーネサンド

材料（2人分）

生ハム………………………… 4枚
いちご………………………… 小8粒
マスカルポーネチーズ……… 大さじ4
バルサミコソース…………… 適量

作り方

1 いちごを半割にしてマスカルポーネチーズを挟み、半分に切った生ハムをかぶせる。
2 器にバルサミコソースを敷き、❶を置く。

バルサミコソース

酸味がチーズに合うソース

材料（作りやすい分量）

バルサミコ酢……… 100mℓ
はちみつ…………… 小さじ2

作り方

① 鍋にバルサミコ酢とはちみつを入れる。
② 弱火にかけてトロッと約半量になるまでゆっくり煮詰める。

こだわりの生ハムの詳細はP72へ！

| Appetizer |

しめ鯖前菜2種

脂ののったしめ鯖が生み出すコクのあるおつまみ

辛口

オリーブオイルをかけるだけ
しめ鯖のオリーブオイルサラダ

材料(2人分)

- しめ鯖 ･･････････････ 1/4パック
- ルッコラ ･･････････････････ 1束
- オリーブオイル ･･･････････ 適量
- ミニトマト ･･･････････････ 2個

作り方

1. しめ鯖は薄く、ミニトマトは4等分に切る。
2. ルッコラを器に盛り、しめ鯖とミニトマトをのせて、オリーブオイルをかける。

金華あぶりしめさば
石巻港で水揚げされた「金華さば」のこだわりあぶりしめさば。

成城石井 ポテトサラダ
保存料、合成着色料、合成甘味料不使用のこだわりお惣菜。

薄焼きせんべいで簡単カナッペ
しめ鯖のポテサラカナッペ

材料(2人分)

- しめ鯖 ･･････････････ 1/4パック
- ポテトサラダ(市販) ････ 大さじ6
- 薄焼きせんべい ･･････････ 6枚
- オリーブオイル、ディル ･･ 各適量

作り方

1. しめ鯖は薄く切る。
2. ポテトサラダを1スプーンずつすくって、薄焼きせんべいにのせる。
3. ❷の上にしめ鯖とディルをのせ、オリーブオイルを全体的にかける。

| Appetizer |

野菜たっぷりソースでさっぱりと

洋風だしカルパッチョ

材料(2人分)

白身魚の刺身 …… 1柵(約140g)
トマト …… 1/2個
ラビゴットソース …… 適量

作り方

1 ラビゴットソースを作っておく。
2 トマトは種を外し、5mm角に切る。白身魚はそぎ切りにする。
3 器に白身魚を並べ、①をかけ、トマトを散らす。

辛口

魚料理にぴったり
ラビゴットソース

材料(2人分)

ピクルス …… 10g
たまねぎ …… 20g
セロリ …… 20g
オリーブ …… 4粒
バルサミコ酢、レモン汁 …… 各大さじ1
オリーブオイル …… 大さじ4
ケッパー …… 5g
塩、胡椒 …… 各適量

作り方

1 ピクルス、たまねぎ、セロリ、オリーブを粗みじん切りにする。
2 バルサミコ酢、レモン汁、オリーブオイルを混ぜる。
3 ①と②を合わせて、塩、胡椒で味をととのえる。

| Appetizer |

キムチ＋オリーブオイル

材料（2人分）

豆腐･････････････････1/2丁
キムチ、オリーブオイル･･･各適量
大葉･････････････････2枚

作り方

1. キムチとオリーブオイルを混ぜ合わせる。
2. 器に大葉を敷き、豆腐をのせて、①をトッピングする。

材料（2人分）

豆腐･････････････････1/2丁
納豆･････････････････1パック
塩、オリーブオイル、万能ねぎ
　　　　　　　　　　　各適量

作り方

1. 納豆は付属のたれで混ぜておき、万能ねぎは斜め切りにする。
2. 納豆に塩、オリーブオイルを混ぜる。
3. 器に盛った豆腐の上に②をかけ、万能ねぎをトッピングする。

納豆＋オリーブオイル

ヘルシーなお豆腐を意外な組み合わせでアレンジ
ちょい足しいろいろ冷奴

ちりめん山椒

材料（2人分）

豆腐……………………1/2丁
ちりめん山椒………大さじ4

作り方

1. 豆腐はひと口大に切り、器に盛る。
2. ちりめん山椒をのせる。

こだわりの豆腐の詳細はP41へ！

| Appetizer |

あと1品が欲しいときのお役立ちメニュー

さっぱりマリネ2種

辛口

和食にもぴったりのマリネ
きゅうりと塩昆布の和風マリネ

材料(2人分)

- きゅうり……………………1本
- 塩昆布………………………8g
- 酢……………………………少々
- 白ゴマ………………………適量

作り方

1. きゅうりは縦半分に切り、斜めに薄くスライスして、塩昆布を混ぜ、しばらくなじませる。
2. ❶に酢を加えて混ぜる。
3. 器に盛り、白ゴマをふる。

細切り汐昆布
北海道産昆布を藻塩で味つけ。サラダや漬物など万能に使える。

たことオリーブの組み合わせは鉄板
たことオリーブのマリネ

材料(2人分)

- たこ…………………………1パック
- きゅうり……………………1本
- ミニトマト…………………4個
- オリーブ……………………6粒
- バジル………………………4枚
- 三つ葉………………………1/4束
- レモン汁……………………大さじ1
- オリーブオイル……………大さじ2
- 塩、胡椒……………………各適量

こだわりのオリーブの詳細はP100へ!

作り方

1. たこをぶつ切りにする。きゅうりは皮を所々むき、ひと口大に、ミニトマトは半分に切る。バジルは細切り、三つ葉はざく切りにする。オリーブは輪切りにする。
2. レモン汁とオリーブオイルを混ぜ合わせ、塩、胡椒で味をととのえる。
3. ❶と❷をあえて器に盛る。

成城石井の
人気オリジナルドレッシング

「なんでもいける」というフレーズのとおり、どんな料理にかけてもおいしいドレッシング。

**なんでもいける
ノンオイル
ゆずドレッシング**

北海道産大根、徳島産ゆず果汁など素材にこだわったドレッシング。ゆずの風味が存分に味わえる。

**なんでもいける
胡麻ドレッシング**

甘すぎない味わいで、ゴマの豊かな風味を堪能できる。リピート率の高い商品のひとつ。

活用例
冷奴の上に……
薬味をたっぷりのせて、その上からかける。さっぱりしたおかずが欲しいときに。

ハンバーグの上に……
ハンバーグにかけるだけでおろし和風ハンバーグに。

活用例
つけだれに……
濃厚なゴマ味はしゃぶしゃぶや鍋のつけだれにぴったり。

揚げ物に……
アツアツの唐揚げやアジフライなどにかけてゴマ風味に。

材料(2人分)

あぶりしめ鯖	1/4パック
スモークサーモン	6枚
水菜	1/4束
しらす	15g
大葉	4枚
みょうが	1本
和風ドレッシング(市販)	適量

作り方

1. あぶりしめ鯖、スモークサーモンは食べやすい大きさに、大葉、みょうがは千切りにする。水菜は3cm幅に切る。

2. すべての材料を混ぜ合わせて、器に盛り、ドレッシングをかける。

こだわりのあぶりしめ鯖の詳細はP11へ！

| Salad |

おいしいドレッシングは隠れた主役
あぶりしめ鯖の和風サラダ

| Appetizer |

巻くだけで完成！お惣菜がエスニックに変身

簡単生春巻き

材料（2人分）

生春巻きの皮 ……… 各2枚ずつ

☆北京ダック風
焼き豚（市販）………… 40g
ねぎ …………………… 15g
水菜
（またはベビーリーフなど）… 適量
＜たれの材料＞
甜麺醤 ………………… 小さじ1
マヨネーズ …………… 大さじ1

☆韓国風
ナムル（市販）………… 適量
万能ねぎ ……………… 2本
大葉 …………………… 2枚
水菜（またはレタスなど）… 適量

作り方

1. 焼き豚、ねぎは細切りにする。たれは混ぜ合わせておく。
2. 生春巻きの皮を水にくぐらせて戻し、具材をのせて巻く。
3. カットして、器に盛り、たれをかける。

1. 大葉は細切りにする。万能ねぎは10cm長さに切る。
2. 生春巻きの皮を水にくぐらせて戻し、具材をのせて巻く。

お好みでキムチを挟んでもおいしい！

**成城石井
ナムルセット**

ボリューム感たっぷりのナムル盛り合わせ。そのままビビンバにも。

成城石井　白菜キムチ

甘味、辛味の優れた唐辛子を使用した特製ヤンニョムを手で1枚1枚ぬりこんでいる。

| Salad |

野菜のおいしさを引き立てるジューシーウインナー

粗挽きウインナーの
サラダ仕立て

材料(2人分)

粗挽きウインナー(市販)……4本
サラダの葉(サニーレタス、アンディーブ、トレビスなど)……適量
にんにく……1片
オリーブオイル、塩、マスタード
………………………各適量

軽め

作り方

1. サラダの葉は食べやすい大きさにちぎって、器に盛る。
2. にんにくは薄切りにして、ウインナーは斜めに切り込みを入れる。
3. フライパンでにんにくとウインナーを炒める。
4. ①の上に③をのせて、オリーブオイルと塩をかける。お好みでマスタードを添える。

| Salad |

パリパリチーズと濃厚ドレッシングが絶品
シーザーサラダ

材料（2人分）

ロメインレタス	1/4株
パルミジャーノ・レッジャーノ	大さじ4
シーザードレッシング	適量
ベーコン	20g
温泉卵	1個
粗挽き黒胡椒	適量

作り方

1. パルミジャーノ・レッジャーノをすりおろし、フライパンの上に薄く広げ、丸い形にする。弱火で加熱して、全体が溶け、うっすらきつね色になったら火を止め、濡れぶきんの上にフライパンごとのせて冷ます。固まったら、1枚ずつゆっくりはがす。
2. ベーコンは棒状に切り、フライパンでかりっと焼く。
3. 器にロメインレタスを盛り、❶、❷、温泉卵をのせて、シーザードレッシングをかける。黒胡椒を仕上げにふりかけてもおいしい。

自分で作ろう
シーザードレッシング

材料（2人分）

マヨネーズ		100g
A	たまねぎ	15g
	牛乳	15㎖
	白ワイン	15㎖
	アンチョビ	2g
	パルミジャーノ・レッジャーノ	5g
	にんにく	1/3片
	塩	1g
	胡椒	適量
	オリーブオイル	小さじ1

作り方

1. たまねぎ、にんにくはみじん切りにする。
2. Aをすべてハンドミキサーやブレンダーなどにかける。
3. マヨネーズと❷を合わせる。

| Appetizer |

大好きなチーズをフィンガーフードに

ちょこっとチーズの盛り合わせプレート

軽め / 甘やや口

カナッペにしてもおいしい
スモークサーモン＋いちじく＋クリームチーズ

材料（2人分）

スモークサーモン ……… 30g
白いちじく ……………… 1個
クリームチーズ ………… 100g
クラッカー ……………… 適量

作り方

1 いちじくとスモークサーモンは5mm角に切る。
2 クリームチーズといちじくを合わせ、スモークサーモンとあえる。クラッカーにのせて食べる。

見た目も華やか
カマンベール＋りんご

材料（2人分）

カマンベールチーズ …… 1/4個
りんご …………………… 1/2個

作り方

1 りんごを厚さ5mmくらいにスライスする。
2 カマンベールチーズを厚さ1cmくらいに切り、りんごで挟む。お好みでりんごジャムやはちみつをかけても。

和と洋のおいしい組み合わせ
ゴルゴンゾーラ＋いぶりがっこ

材料（2人分）

ゴルゴンゾーラチーズ、
いぶりがっこ …………… 各適量

作り方

1 いぶりがっこを輪切りにする。
2 ゴルゴンゾーラを❶にのせる。

成城石井で買える
チーズコレクション

料理とワインに合わせたチーズを豊富なラインナップから選べます。

カマンベール
ロイヤルファルコン

木箱のパッケージがおしゃれなカマンベールチーズ。チーズの保管には木箱が一番適しているという。

ピエ・ダングロワ

非常にクリーミーな味わいが楽しめるウォッシュチーズ。ウォッシュチーズの入門編におすすめ。

熟成ブリー

クリーミーでまろやかな風味は、ワインにもサンドイッチにもぴったり。塩分も控えめ。

ゴルゴンゾーラ
ピカンテ

「ピカンテ」と呼ばれるタイプは、ピリッとした青カビの辛さが特徴。青カビチーズの中では食べやすい。

生産者指定「427」
グラナパダーノ
DOP16ヶ月熟成

2013年インターナショナルチーズアワード金賞受賞。イタリアの緑豊かな地で生まれたチーズ。

フェラリーニ
パルミジャーノ・レッジャーノ
24ヶ月熟成

ジャージー牛の乳を30%も使用しており、濃厚なミルクの甘味が楽しめる。遺伝子組み換え飼料不使用。

COLUMN

チーズとワインの合わせかた

ワインのおつまみの代名詞ともいえるチーズ。チーズのタイプや味わいによって合うワインは異なります。たとえば、カマンベール、ブリーなどの白カビタイプはフルーティーな赤ワイン、ミモレットなどの牛乳から作るハードなタイプはややコクのある赤ワイン、マンステールなどのウォッシュタイプは赤白問わず旨味のあるワインか、少し甘味のある白ワインが合います。迷ったらチーズとワインの産地を合わせてみましょう。

2章
「ほっこり」温菜

寒い日が続いたら、体がほっこり温まるようなおつまみがワインに合います。アツアツ温菜メニューを揃えました。

| Snack |

おつまみにぴったりのごちそうトースト

チーズトーストの
簡単カナッペ

ロゼ

材料（2人分）

食パン ……………………… 2枚ずつ

☆ピザトースト風
ピーマン …………………………… 1個
トマトソース、
ピザ用チーズ ……………… 各適量

☆カマンベールのせ
カマンベールチーズ
（またはブリーチーズ）……… 1/4個

作り方

1 ピーマンを輪切りにする。食パンは4等分に切る。

2 食パンにトマトソースをぬる。

3 ❷の上にピーマン、チーズをのせてオーブントースターで4～5分焼く。

1 食パンは3等分に切り、カマンベールチーズを上にのせる。

2 オーブントースターで4～5分焼く。

成城石井のオリジナルパンセレクション

粉から仕込んで焼き上げるまですべて手作り。

パン職人こだわりの湯だね食パン

素材そのものの味を大切に作ったパン。もっちり食感がおいしい。

成城石井自家製ゲランド塩を使用したライ麦入り田舎パン

フランス産ゲランドの塩を使用しており、さまざまな料理に合う。

レーズンとくるみのカンパーニュ

ハードなパンが好きな方に。チーズ、ワインにもぴったり。

| Snack |

ポテトサラダが、また違う味わいに

簡単コロッケ

材料（2人分）

生春巻きの皮 ················· 8枚
ポテトサラダ（市販） ········ 200g
シャンツァイ、レモン ······ 各適量

<たれの材料>
スイートチリソース、サラダ油 ··· 各適量

作り方

1 ポテトサラダは8等分にして棒状に形を整え、水にくぐらせて戻した生春巻きの皮にくるむ。濡らしたキッチンペーパーなどの上で行うとくるみやすい。

2 少し多めのサラダ油を熱したフライパンで❶を揚げ焼きする。

| Snack |

チーズをのせて焼くだけ！

ポテトチップスのチーズ焼き

軽め

材料（2人分）

ポテトチップス、ピザ用チーズ
（またはシュレッドチーズ）… 各適量

Point
ポテトチップスの味はうすしおが
good！

作り方

1. ポテトチップスをココットなど耐熱皿に敷き詰める。
2. ❶の上にピザ用チーズをのせる。
3. 200℃のオーブンで約10分きつね色になるまで焼く。

| Hotsalad |

やみつきソースを野菜にたっぷりかけて

グリーン野菜の ジェノベーゼソースがけ

辛口

材料（2人分）

アスパラガス	1束
スナップエンドウ	50g
インゲン	50g
ブロッコリー	50g
枝豆のむきみ	50g
ジェノベーゼペースト（市販）	大さじ2
生クリーム	大さじ1

作り方

1. アスパラガスはピーラーで薄く皮をむき、根元の硬い部分を折る。スナップエンドウは両側とも筋をとり、インゲンは固い付け根のヘタを切り落とす。ブロッコリーは小房に分ける。
2. ❶を茹でる。
3. ボウルにジェノベーゼペースト、生クリームを入れて、湯煎で軽く温める。
4. 茹で立ての野菜に枝豆のむきみを加え、❸のジェノベーゼソースをあえる。

> パスタソースで代用しても◎

成城石井 ジェノベーゼペースト
大分県産バジルなどを使用。バジルの新鮮な旨味が料理を引き立てる。

こだわりのパスタソースの詳細はP46へ！

| Appetizer |

ホームパーティーにもってこいのお手軽ディップソース

バーニャカウダとスープフォンデュ

材料（2人分）

レトルトスープ（クラムチャウダー、ビスク） ……………………… 適量
バーニャカウダの素（市販）…… 適量
パン、お好みの温野菜
　………………………………… 各適量
うずらの卵 ………………………… 4個

作り方

1. スープをそれぞれフォンデュ皿に入れて温める。
2. お好みの温野菜や食べやすい大きさに切ったパン、うずらの卵などを横に置いて、チーズフォンデュのように楽しむ。

フォンデュ皿にシュレッドチーズを溶かしたり、パルミジャーノ・レッジャーノをふりかけたりするとコクが出る。

成城石井のオリジナルスープ

化学調味料無添加の安心スープは種類も豊富。

クラムチャウダー

オーシャンクラム、国産にんじんなどを使用したまろやかなクラムチャウダー。

紅ずわい蟹のビスク

フレーク状の紅ずわい蟹を豊富に使用した濃厚スープ。

信州自然王国
バーニャカウダ
にんにくとアンチョビを贅沢に使用。米麹も入っているので、旨味が違う。

| Hotsalad |

バジルの旨味が引き立つ一品

ベーコンとじゃがいものバジルソース

材料(2人分)

- ベーコン・・・・・・・・・・・・・・・・・・30g
- マッシュルーム・・・・・・・・・・・・4個
- じゃがいも・・・・・・・・・・・・・・・大1個
- バジルペースト(市販)・・・・・・大さじ1
- オリーブオイル、塩、胡椒・・・・各適量

作り方

1. ベーコンとじゃがいもは棒状に切る。じゃがいもは茹でて火が通ったら、鍋からとり出す。
2. フライパンにオリーブオイルを熱し、ベーコンとマッシュルームを炒める。
3. ❷にじゃがいもを加えてさらに炒め、バジルペーストをあえる。

| Hotsalad |

ガーリックとチーズで大満足の食べごたえ
しらすのガーリックキャベツ

ロゼ

材料(2人分)

- しらす……20g
- キャベツ……1/4個
- ガーリックパウダー……少々
- 酒……小さじ2
- 塩麹……小さじ2
- グラナパダーノ(P28参照)、オリーブオイル……各適量

作り方

1. キャベツを1cm幅の太めの千切りにする。
2. フライパンにオリーブオイルを熱し、しらす、❶、ガーリックパウダーを入れて炒める。酒をふり、塩麹で味をととのえる。
3. 器に盛って、グラナパダーノをすりおろす。

| Snack |

濃厚スープと香ばしくとろけたチーズが
ボリュームおつまみに

豆腐グラタン

軽め

材料（2人分）

豆腐……………………………1/2丁
レトルトスープ（ボルシチ）……1袋
シュレッドチーズ………………適量

作り方

1 豆腐は水切りをして、食べやすい大きさに切る。オーブンは200℃に予熱しておく。

2 豆腐を耐熱皿に並べ、レトルトスープをかける。

3 ❷の上にシュレッドチーズをのせて、200℃のオーブンで約15分、チーズがきつね色になるまで焼く。

レトルトスープは
ビスクを使っても◎。

成城石井 ヨーロピアンミックスチーズ
オランダゴーダチーズ50%、ドイツ産モッツァレラチーズを50%使用。グラタンのほかにもピザやソテーなど用途はさまざま。

成城石井おとうふ
国産大豆と伊豆大島海水にがりを使用。黒蜜をかけると、スイーツのような味わいも楽しめる。

材料(2人分)

さんま(三枚おろしにしたもの)
………………………………2尾分
マッシュルーム……………4個
パスタソース(ペペロンチーノ)
…………………………………1袋
オリーブオイル………大さじ4
イタリアンパセリ、バケット、
塩、胡椒………………各適量

作り方

1. さんまは食べやすい大きさに、マッシュルームは4等分に切る。
2. 鍋にオリーブオイルを入れて、さんまとマッシュルームを炒める。
3. さんまに火が通ったら、ペペロンチーノソースを入れて軽く煮込む。器に盛り、バケットを添える。

> **Point**
> ペペロンチーノソースだけは油が足りないようなら、オリーブオイルを足す。

| Snack |

パスタソースでお手軽アヒージョ

さんまの
アツアツアヒージョ

| Snack |

アラビアータ

ウニクリーム

ジェノベーゼ

濃厚なトロトロソースにバゲットをディップ

パスタソースの
お手軽ココット3種

軽め アラビアータ 辛口 ウニクリーム ジェノベーゼ

材料(2人分)

お好きなパスタソース……適量
ピザ用チーズ…………適量
卵………ココット1つにつき1個

作り方

1. ココットの中に卵を落とし、お好きなパスタソースを入れる。
2. ピザ用チーズを①の上にかけて、200℃のオーブンで7～8分、チーズがきつね色になるまで焼く。

アラビアータ…小さじ2

ウニクリーム…小さじ1

ジェノベーゼ…小さじ1

成城石井の
パスタソース

本格的な味が家庭で堪能できます。

成城石井あえるパスタソース

リピーターの支持率が高い絶品ソース

成城石井のオリジナルパスタソースは、ウニクリーム、ペペロンチーノ、アラビアータ、4種のチーズのクリームソース、ジェノベーゼなどの味が揃っており、すべてが化学調味料無添加にこだわっています。どのパスタソースも素材の味が存分に活かされており、お手軽に贅沢な味を楽しむことができます。

COLUMN

「マリアージュ」とは？

　マリアージュは、ワインと料理の組み合わせで新しいおいしさが生まれることをいいます。
　「赤ワインは肉料理、白ワインは魚料理」と安易に決めるのではなく、ワインと料理の共通点を見つけることが大切です。赤身の肉など重い料理には重いワイン、さっぱりした軽い料理には軽いワインと重さ、軽さで合わせるのがわかりやすく簡単でしょう。
　また、もっと簡単な方法がワインと料理の色を合わせることです。茶・赤系の料理は赤、白・黄色などの淡い色合いの料理は白を合わせるなど、大まかでもよいので合わせるとマリアージュが堪能できます。

3章
「簡単」だけど おいしいメイン

食卓を飾る料理の主役はやっぱり肉や魚を使ったメイン。
簡単なのにおもてなしにもおすすめです。

| Main |

ハーブとコンソメの風味がワインにぴったり
洋風おでん

辛口

材料（2人分）

おでん種パック(市販)	2個
ソーセージ	4本
コンソメ(固形)	1個
水	400mℓ
ハーブミックス	少々
マスタード、パセリ	各適量

> 練り物、こんにゃく、大根などが2個ずつ（全部で10個程度）入った市販のパックの場合は2個、3〜4人分のパックの場合はひとつの目安。

作り方

1. 鍋にコンソメと水を入れて沸かす。
2. 汁気をきったおでん種、ソーセージ、ハーブミックスを加えて7〜8分煮込む。パセリはみじん切りにする。
3. おでんを器に盛り、パセリを散らす。

マスタードを添えることで洋風アレンジに！

**成城石井
自家製ポークウインナー**

国産フレッシュ豚肉を使用し、ドイツの伝統製法で作られたこだわりの一品。

**テメレール
ディジョンマスタード
（粒入り）**

歴史あるマスタード製造社の滑らかな粒入りマスタード。

**テメレール
ディジョンマスタード
（粒なし）**

同社の粒なしマスタード。マイルドな味わいで何にでも合う。

| Main |

鍋に入れて煮込むだけ！成城石井が生み出した黄金比率

ごちそうアクアパッツァ

軽め／辛口

材料（2人分）

- 20cmほどの魚（白身）‥‥‥‥‥‥‥1尾 *1
- オリーブオイル（焼き用）‥‥‥‥ 15ml
- 塩、胡椒‥‥‥‥‥‥‥‥‥‥ 各適量

A
- あさり‥‥‥‥‥‥‥‥‥ 10粒 *2
- ドライトマト‥‥‥‥‥‥‥‥ 15g
- グリーンオリーブ（種なし）
  ‥‥‥‥‥‥‥‥‥‥‥‥ 6〜8粒
- ケッパー‥‥‥‥‥‥‥‥‥‥ 10g
- タイム‥‥‥‥‥‥‥‥‥‥‥ 2枝
- ディル‥‥‥‥‥‥‥‥‥‥‥ 2本
- パセリ‥‥‥‥‥‥‥‥‥‥‥ 適量
- にんにく‥‥‥‥‥‥‥‥‥ 1/2片
- アンチョビ‥‥‥‥‥‥‥‥‥ 少々
- オリーブオイル（煮込み用）30ml
- 白ワイン‥‥‥‥‥‥‥‥‥‥ 30ml
- 水‥‥‥‥‥‥‥‥‥‥‥‥ 200ml

- ディル（お好みで）‥‥‥‥‥‥‥ 適量

*1 白身魚切り身なら2切れ。魚屋さんやスーパーで内臓やうろこを取り除いてもらった処理済みの魚を買うと便利。

*2 手に入るようなら、写真のようにムール貝（6粒）を入れると華やかな印象に。

作り方

1 魚に塩、胡椒でしっかりと下味をつける。内蔵を処理した部分の内側にもしっかりつける。パセリは細かく刻み、にんにくはみじん切りにする。

2 フライパンにオリーブオイルを敷き、中火で魚に焼き色がつくまで焼く。

3 Aをすべて❷に入れて蓋をして沸騰したら中火にし、軽く煮込む。

4 ❸を器に盛って、ディルを添える。

Point
オリーブオイルとドライトマトが味の決め手になるので、少しリッチなものを選ぼう。

| Main |

彩りのよいオリーブソースは見た目も華やか

ほたて&えびの
プッタネスカソース

ロゼ／辛口

材料（2人分）

ほたて
（ボイル、刺身どちらでも可）……4個
えび……………………………6尾
オリーブオイル、セルフィーユ
……………………………各適量

＜プッタネスカソースの材料＞
オリーブ……………………3粒
ケッパー………………小さじ1
にんにく…………………1/4片
フレッシュトマト…………150g
パセリ………………………適量
オリーブオイル………大さじ1.5
白ワインビネガー………大さじ1
塩、胡椒…………………各適量

作り方

1. えびは殻をむき、背わたをとって塩水で汚れを落とす。

2. フライパンにオリーブオイルを熱し、強火でえびとほたてをソテーする。焼き色がついたら火を止める。

3. プッタネスカソースを作る。フレッシュトマトは種をとり、5mm角に切る。オリーブ、ケッパー、にんにく、パセリは細かく刻む。すべての材料を混ぜ合わせる。

4. 器に❸を敷き、❷を盛って、セルフィーユを飾る。仕上げにオリーブオイルをまわしかける。

> プッタネスカソースはパスタとあえてもおいしい！

Point
ほたてとえびは火を通しすぎると固くなるので、強火でさっと焼く。

| Main |

ウニソースの深い味わいに白ワインがおいしい！

サーモングリルの
ウニクリームソースがけ

材料（2人分）

生鮭	2切れ
パスタソース（ウニのクリームソース）	1袋
生クリーム	80㎖
バター（またはオリーブオイル）	5g
アンチョビ	少々
塩、胡椒	各適量

＜付け合せ例＞
じゃがいも、ディルなど …… 各適量

作り方

1. 鍋にパスタソース、生クリーム、アンチョビを加えて混ぜる。バターを加えて溶かし、塩、胡椒で味をととのえる。
2. 生鮭を魚焼きグリルで7〜8分焼く。
3. ❷を器に盛り、❶をかける。
4. お好みで付け合せの材料を添える。

Point
まわりを囲むようにゆでたじゃがいもを添えるとサーモンのピンクに映えて美しい。

COLUMN

ワインと魚料理

　魚料理は淡白な味が多いので、何を合わせるか悩んだら白ワインを合わせれば間違いないでしょう。ただ、マグロやカツオなど赤身の魚、照り焼きや蒲焼きなどコクのある味付けの料理には軽めの赤ワインのほうが合います。また、タイやヒラメなど淡白な白身魚やマリネなどの酸味が効いた料理にはすっきりとした白ワイン、クリーミーな料理にはまろやかな白ワインが合います。

| Main |

魚介の旨味がギュッと詰まったおつまみスープ
お手軽ブイヤベース

辛口

材料(2人分)

お好みの切り身魚(白身)……2切れ
白ワイン……………………大さじ2
レトルトスープ(ビスク)………1袋
水……………………………150㎖
ムール貝……………………6個
ホタテ………………………4個
ブロッコリー…………………4房
ディル………………………適量

作り方

1 ブロッコリーは小房に分ける。白身魚は骨を抜き、半分に切る。

2 フライパンにオリーブオイルを熱し、白身魚を焼く。途中でホタテを加えていっしょにソテーする。

3 ②にムール貝と白ワインを入れてアルコール分を飛ばす。

4 ③にレトルトスープ、水、ブロッコリーを加えて、軽く煮込む。4〜5分煮込んだら、器に盛り、ディルを添える。

| Main |

香り高いゴマドレッシングが味の決め手

白菜と豚肉の塩麹蒸し鍋

軽め

材料（2人分）

豚バラスライス	200g
白菜	1/4株
生姜	1かけ
ゴマドレッシング（市販）、ごま油	各適量
塩麹	大さじ2
酒	50㎖
わけぎ	適量

作り方

1. 生姜は皮をむいて千切りにする。白菜と豚肉は食べやすい大きさに切る。

2. 土鍋にごま油を熱し、生姜を入れる。香りが立ったら、豚肉を入れて強火で軽く炒める。

3. 白菜を入れ、塩麹、酒を加えて蓋をし、蒸し煮にする。

4. 火が通ったら、わけぎをのせ、ゴマドレッシングをかける。

お好みでラー油をたらしてもおいしい。

Point
水分は入れずに、白菜の水分だけで蒸すのがポイント。塩麹で旨味がぐっとアップ！

下田さん家の豚 バラ
群馬県産の三元豚ブランド。風味がよく、自然な甘味と旨味が味わえる。

こだわりのゴマドレッシングの詳細はP18へ！

| Main |

香りの強いチーズがジューシーな厚切り肉とマッチ

ウォッシュチーズの ランプステーキ

しっかりめ

材料（2人分）

ランプステーキ肉 …………… 2枚
ウォッシュチーズ ………… 1/8個
塩、黒胡椒 ………………… 各適量

＜付け合せ例＞
お好みの温野菜
（レンコン、ブロッコリー、ヤングコーンなど）………………… 適量
乾燥イチジク ………………… 適量

作り方

1. 肉は常温に戻しておく。ウォッシュチーズをくし形に切って、さらに半分に切る。

2. 肉に塩、黒胡椒をまぶし、フライパンでミディアムに焼いたら、とり出す。

3. ❷の上に❶を並べ、そのままオーブントースターに入れて、チーズが溶け始めたら器に盛る。

4. 付け合せを用意する。温野菜は塩、黒胡椒をふりかけ、乾燥イチジクはそのまま器に盛る。

> ランプステーキは牛もも肉でも代用可！

Point
チーズの溶け具合はお好みで調整を。

アーモンドペーストを加えた濃厚ソースはパンにつけても

ローストチキンの濃厚ゴマドレがけ

しっかりめ

材料（2人分）

鶏もも肉 …………………… 2本 *1
ゴマドレッシング（市販）…… 40㎖
無糖アーモンドペースト（市販）
（くるみ、ピーナッツでも可）…… 10g
オリーブオイル ……………… 適量
塩、胡椒 …………………… 各適量

＜付け合せ例＞
クレソン、じゃがいも ……… 各適量

*1 骨つきもも肉なら2本。骨なしのもも肉なら2枚で。

作り方

1 じゃがいもは皮付きのまま、ひと口大に切って茹でる。火が通ったらとり出して、水気をきる。肉は塩、胡椒をふる。

2 フライパンにオリーブオイルを熱し、肉を入れ、隣でじゃがいももいっしょに焼く。

3 肉の皮目がカリッときつね色になるまで焼いたら、返して中まで火を通す。

4 ゴマドレッシングにアーモンドペーストを合わせる。

5 ❸の肉をとり出し、器に盛って❹をかける。お好みで付け合せの材料を添える。

Point

鶏もも肉と付け合せのじゃがいもをいっしょに焼くと、鶏の旨味がじゃがいもに移り、おいしくなる。

| Main |

豚肉と柑橘類は好相性！甘いジンジャーソースが食欲をそそる

マーマレード&生姜風味のポークソテー

辛口／ロゼ

材料（2人分）

豚肩ロース肉 …………………… 2枚
A ┌ マーマレード ……………… 30g
　├ 生姜はちみつ漬け（市販）… 30g
　└ しょうゆ、酒 ……… 各大さじ1
オリーブオイル ………………… 適量
塩、胡椒、小麦粉 ……………… 各適量

＜付け合せ例＞
ミニトマト、スナップエンドウなど
………………………………… 各適量

作り方

1 肉は筋切りして、塩、胡椒で下味をつけておく。小麦粉を全面にまんべんなくつけたら、フライパンにオリーブオイルを熱し、肉をソテーする。Aは混ぜ合わせておく。

2 肉が焼けたら、取り出す。同じフライパンに混ぜ合わせたAを入れて、中火で熱す。酒のアルコールが飛んだら、火を止める。

3 肉を器に盛り、❷をぬる。お好みで付け合せの材料を添える。

成城石井
オールフルーツスタイル
マーマレード
ネーブルオレンジと夏みかんをふんだんに使用。

成城石井
高知産生姜蜂蜜漬
高知産の新生姜をそのままスライス。寒い季節にぴったり。

| Main |

レトルトハンバーグがボリュームメニューに変身

ハンバーグの
リッチソース煮込み

しっかりめ

材料（2人分）

レトルトハンバーグ（市販）	2袋
トマト缶	200g
ハーブミックス	少々
オリーブ	4粒
塩、胡椒	各適量

＜付け合せ例＞
ブロッコリー、にんじんなど ……… 各適量

作り方

1. 鍋にレトルトハンバーグとトマト缶、ハーブミックスを入れ、蓋をして弱火で5分煮込む。
2. オリーブは細かく刻んでおく。
3. ❶に❷を加えて、塩、胡椒で味をととのえる。
4. 器に盛り、お好みで付け合せの材料を添える。

Point
刻んだオリーブをソースに加えることで本格ソースに！

**成城石井
ハンバーグ（プレーン）**
レトルトとは思えない肉のジューシーな旨味が味わえる。チーズ、和風もある。

まろやかな風味がお好きならチーズや卵をトッピングしても◎。余ったソースはハッシュドビーフやパスタソースにしてもおいしい。

| Main |

濃厚ゴルゴンゾーラソースを絡ませて

ステーキの
ゴルゴンゾーラソースがけ

しっかりめ

材料（2人分）

ステーキ肉　　　　　　　　　2枚
ゴルゴンゾーラチーズ　　　　40g
生クリーム　　　　　　　　大さじ2
塩、黒胡椒　　　　　　　　各適量

＜付け合せ例＞
ベビーリーフ、ラディッシュ、
くるみなど　　　　　　　　各適量

作り方

1 肉は常温に戻しておき、塩、黒胡椒をふる。フライパンにオリーブオイルを熱し、お好みの火通し加減に焼く。

2 鍋にゴルゴンゾーラチーズ、生クリームを入れて火にかけ、弱火でチーズを溶かす。

3 ❶を器に盛り、❷をかける。

> ゴルゴンゾーラソースはバーニャカウダ風に、野菜スティックやパンなどをディップして食べても◎。魚介類のグリルに添えてもよく合う。

Point
ソースはレンジにかけて溶かしてもOK!

| Main |

超簡単！パーティーにぴったりのゴージャスメニュー
フライパンでローストビーフ

しっかりめ

材料（2人分）

牛ももかたまり肉 ……………… 350g
ホースラディッシュ、お好みのスパイス、
塩、黒胡椒、オリーブオイル… 各適量

＜付け合せ例＞
クレソン、ソテーしたトマト … 各適量

＜ソースアレンジ例＞
ホースラディッシュ以外にも
・ゲランドの塩
・ポン酢
・マスタード
・醤油
など家にある調味料でいろいろなアレンジが効く。

作り方

1. 肉は常温に戻し、スパイス、塩、黒胡椒をまぶしてもみ込む。

2. フライパンにオリーブオイルを熱し、肉を焼く。6～7分かけて全面に焼き色を付けながら焼く。蓋をして上下1分ずつ蒸し焼きにする。

3. ❷をフライパンからとり出してアルミホイルで全体を包み、ガス台の近くなど温かいところに30分ほど置いて肉汁を落ち着かせておく。

4. 肉が落ち着いたら、スライスして器に盛り、ホースラディッシュを添える。

> ローストビーフが残ったらサラダやサンドイッチにアレンジ！

Point
肉はアルミホイルに包んだまま、冷蔵庫で1日寝かせても。肉汁が落ち着き、味もしっかりなじむ。

成城石井で買える ハム、ソーセージ、ベーコン

ワインに合うおつまみ加工肉がたくさん揃っています。

フィオルッチ プロシュート クルードスライス
厳選された上質な豚のもも肉を8ヶ月間熟成させたフレッシュな味わい。

フマガリ プロシュート ディパルマ20ヶ月熟成
ホエーで育った豚のもも肉と塩だけを使い、20ヶ月じっくりと熟成させた生ハム。

トーレデヌニエズ ハモンセラーノ14ヶ月熟成
霜降り部分の多い、スペイン産デュロック種を使用しており、上質な脂と凝縮された旨味が広がる。

成城石井 自家製ベーコン
国産のフレッシュ豚肉を100%使用した、ブロックベーコン。風味豊かな味わい。

成城石井 自家製ポークウインナー
天然羊腸を使用することで、パリッとした食感が楽しめるウインナー。塩分は控えめであっさりした味。

成城石井 自家製ペッパーボロニア
粒胡椒とグリーンペッパーがピリッと効いた逸品。スライスしてもおつまみや、サンドイッチにしても◎。

COLUMN

ワインと肉料理

肉料理といっても、牛肉や羊肉などコクがある赤身肉にはコクがあって、渋みのある赤ワイン。鶏肉や豚肉など淡白な肉には軽い白ワイン、と肉の種類によって合わせるワインは異なります。また、ビーフシチューなどこってりした料理には重めの赤ワイン、クリーム系のソースの料理には酸味がまろやかな白ワインと味付けによって相性を考えるのもよいでしょう。

おいしさをアップさせる
リッチなオリーブオイル

ソースやドレッシングなど活用はさまざま。

バルトリーニ・エミリオ エクストラバージン オリーブオイル ウンブリア D.O.P	成城石井 有機エキストラバージンオイル	
イタリア産 滑らかな舌触りと、マイルドな風味が特徴。どんな料理にも万能。	**スペイン産** フルーティーな香りとスパイシーな味わいが特徴。サラダに◎。	**ギリシャ産** 濃厚な味わいとまろやかな舌触りが楽しめる。他の調味料ともマッチ。
フレーバーメモ ・りんごのような香り ・マイルドな味わい ・透明感のある質感	**フレーバーメモ** ・胡椒のようなスパイシーさ ・ナッツ系の後味 ・マットな舌触り	**フレーバーメモ** ・後味は少し辛め ・オリーブの風味が豊か ・軽やかな舌触り
データ ・品種はイタリアウンブリア州産モライオーロ、レッチーノ、フラントイオのブレンド ・コールドプレス製法	**データ** ・品種はアンダルシア産のオヒブランカ種のみ ・コールドプレス製法 ・有機栽培	**データ** ・品種はクレタ島のコロネイキ種のみ ・コールドプレス製法 ・有機栽培

COLUMN

ワインの基本

1 ブドウの品種を知る

赤　ピノ・ノワール
　　カベルネ・ソーヴィニヨン
　　メルロ
　　シラー　　　　　　　　など

白　シャルドネ
　　リースリング
　　ソーヴィニヨン・ブラン　など

ワインの味は、ブドウの品種である程度決まります。たとえば、ピノ・ノワールは酸味が強く、渋みが少ないのが特徴ですが、カベルネ・ソーヴィニヨンは渋みが強く、力強い味わい。
ワインはブドウの味がそのまま出るので、品種の特徴を知ることがワインの味を知る近道にもなります。

2 ワインの主な産地を知る

フランス▶
ブルゴーニュ、ボルドー、シャンパーニュ地方が有名。「ロマネ・コンティ」、「ペトリュス」などの高級ワインがあります。

イタリア▶
トスカーナ、ピエモンテなどの産地が有名。フランスより比較的リーズナブルでカジュアルです。

ドイツ▶
白ワインが80％以上を占め、さわやかで甘口の飲み口は日本でも人気です。

アメリカ▶
日照に恵まれ、ブドウの生育に適しているカリフォルニア州を中心に、オレゴン州やワシントン州などで高品質のワインが生み出されています。

3 ワインの名前を知る

❶ 産地
「オーメドック」、「サンテミリオン」、「ソーセルヌ」など、地名がワイン名となっています。

❷ 品種
「メルロ」や「ソーヴィニヨン・ブラン」などブドウの品種名をワインの名前に。ある程度品種でワインを選ぶことができます。

❸ ブランド名
「ドン・ペリニヨン」など、特定のメーカーが独占的に使用しているパターン。

❹ 醸造元
「シャトー・マルゴー」など、醸造元の名前が銘柄になっているパターン。

その他…
逸話などから愛称でつけられることも。

4章

「しっかり」
パスタとごはん

ワインのあともしっかりお腹を満たしたい。ボリューム満点なのに、華やかなパスタやごはんで満腹間違いなし！

| Pasta |

薬味がアクセントのさっぱりパスタ！

トマトとアボカドの冷たいパスタ

材料（2人分）

- パスタ（スパゲッティーニ）……160g
- トマト……………………………150g
- アボカド…………………………1/2個
- 生ハム……………………………4枚
- みょうが…………………………1本
- 大葉………………………………4枚
- カッテージチーズ………………大さじ2
- A
  - オリーブオイル………大さじ3
  - レモン汁………………大さじ2
  - 塩、黒胡椒……………各適量

作り方

1. 鍋に塩（分量外）を入れた湯を沸かし、パスタを通常の時間より長めに茹でる。
2. トマトとアボカドは種を外し、角切りに切っておく。みょうが、大葉は細切りにする。
3. ボウルにAを入れて混ぜ、❷を加えてあえる。
4. 茹で上がったパスタを冷水で一度冷やし、よく水気をきって❸のボウルに入れて混ぜる。
5. 器に盛り、生ハムとカッテージチーズを上に散らす。

COLUMN

太さによって違うパスタの名前

　麺の太さによってその名称は異なります。「スパゲッティ」は直径約1.9mmで、クリームパスタによく合い、「スパゲッティーニ」は直径約1.6mmで比較的どんなパスタ料理にも合います。直径約1.4mmの「フェデリーニ」、約0.9mmの「カッペリーニ」は細めで冷製パスタによく使われます。成城石井でも買える「ディチェコ」シリーズは種類が豊富で、選ぶ楽しさがあります。

| Pasta |

トリュフオイルをかけてちょっとリッチに

濃厚クリームチーズとトロトロ卵のパスタ

材料(2人分)

パスタ(スパゲッティーニ)	160g
パスタソース(4種のチーズクリーム)	2袋
生クリーム	大さじ3
卵黄	3個
ベーコン	40g
トリュフオイル	適量
黒胡椒	適量

作り方

1. 鍋に塩(分量外)を入れた湯を沸かし、パスタを茹でる。

2. フライパンにオリーブオイルを熱し、棒状に切ったベーコンをカリカリになるまで炒める。パスタソース、生クリームを加え、ひと煮立ちしたら火を止める。卵黄1個を加えて手早く混ぜ合わせ、とろみがついてきたら火からおろしておく。

3. パスタの水気をきって❷に加えてあえる。

4. 器に❸を盛り、真ん中に卵黄をのせ、最後に黒胡椒とトリュフオイルをまわしかける。

残った卵白は卵に加えてふわふわオムレツなどにアレンジするのも◎。

バルトリーニ ブラックトリュフオイル
高級黒トリュフの香りづけがされたオリーブオイル。

Point
ソースにとろみがつかないときはパスタとあえる前にもう一度火にかけよう。

| Ricedish |

余ったごはんとは思えないごちそう感
トリュフオイルのリゾット

軽め

材料（2人分）

冷やごはん	240g
マッシュルーム	4個
ほうれん草	1株
トリュフオイル	適量
牛乳（または水）	250㎖
生クリーム	50㎖
パルミジャーノ・レッジャーノ	大さじ2〜3
バター	適量
塩、胡椒	各適量
黒胡椒	適量
ピンクペッパー	適量

作り方

1. マッシュルームは4等分に切り、ほうれん草はざく切りにする。
2. 鍋にバターを熱し、マッシュルームをソテーする。
3. 冷やごはん、牛乳、生クリームを加えて軽く煮込む。
4. パルミジャーノ・レッジャーノ、塩、胡椒を入れて味をととのえる。
5. 器に盛り、トリュフオイルを仕上げにまわしかけ、黒胡椒とピンクペッパーを散らす。

リッチなトリュフオイルは数滴かけるだけでも香りは十分！

Point
ごはんを加えてヘラなどで混ぜすぎると、粘りが出るので鍋をゆすって混ぜるとよい。

| Ricedish |

ひと口サイズでシメにもぴったり！
手まり鮨いろいろ

スモークサーモン ＋ ポテトサラダ

材料（2人分）

スモークサーモン、
ポテトサラダ（市販）……各適量

作り方

1. ラップの上にスモークサーモンとポテトサラダをのせ、包んで丸める。

塩昆布 + 鯛スモーク

材料（2人分）

ごはん ……………………… 120g
塩昆布 ………………………… 5g
鯛スモーク ………………… 適量

作り方

1 ごはんと塩昆布を混ぜる。
2 ラップの上に鯛スモークをのせ、その上に①をのせて包んで丸める。

ちりめん山椒ごはん

材料（2人分）

ごはん ……………………… 120g
ちりめん山椒 ……………… 15g
山椒の葉 …………………… 適量

作り方

1 ごはんとちりめん山椒を混ぜる。
2 ラップの上に①をのせ、包んで丸めて、山椒の葉を飾る。

| Ricedish |

「タイカレー」×「ナン」のコラボレーション！カレーをディップでいただく新提案

ココナッツオイルを使った本格グリーンカレー

辛口

材料（2人分）

えび	6尾
しめじ	1/4パック
ココナッツオイル	大さじ1
レトルトグリーンカレー	2箱
ナン	適量

＜付け合せ＞
シャンツァイ、バジル、レモンなど ……… 各適量

作り方

1. えびは殻をむき、背わたをとって塩水で汚れを落とす。しめじはほぐす。
2. 鍋にココナッツオイルを熱し、❶を炒める。
3. 火が通ったら、レトルトグリーンカレーを入れて、1〜2分煮込む。
4. 器に盛り、ナンやシャンツァイなどを添える。

グリーンカレーはナンやごはん以外では、キヌア、クスクス、ソーメンなども好相性。意外な組み合わせはホームパーティーで話題になること間違いなし。

Point
ココナッツオイルを使用することでコクが出る！

成城石井 グリーンカレー
ココナッツミルクのコクとハーブの絶妙なバランスで本場タイの味を楽しめる。

成城石井 ミニナン
温めるだけでもっちりした食感が味わえる。あえてのタイカレーとの相性もよし。

成城石井で買える 話題のスーパーフード

美容、健康に効果アリ！ メディアで話題のスーパーフードを紹介

ハニーカンパニー マヌカハニー +5
ハニーカンパニー社が採用している基準によって、通常のマヌカハニーより豊かでコクのある風味に。

ブラウンシュガーファースト 有機エキストラヴァージン ココナッツオイル
有機ココナッツの胚乳を遠心分離機にかけて、一切熱を加えずにオイルを抽出している。

ナチュラル素材の グラノーラ
有機オートミールをベースに、有機ドライフルーツと有機メープルシロップを使った安心グラノーラ。

成城石井　カナダ産 フラックスシードオイル
コールドプレス製法で搾油したアマニ油。サラダのドレッシングなどに活用できる。

アグロクロップ チアシード
オメガ3、食物繊維などの栄養価がある。直接飲料やヨーグルトなどに加えて味わう。

アグロクロップ ホワイトキヌア
カルシウム、鉄分などのミネラル、食物繊維を豊富に含むキヌア。サラダやスープに手軽に使える。

COLUMN

ボジョレー・ヌーボーって何？

ワインに興味のない人でも名前くらいは聞いたことのある「ボジョレー・ヌーボー」。フランスのブルゴーニュ地方のボジョレー地域で造られる、新酒(＝ヌーボー)のことで、その年に収穫されたブドウをその年のうちに仕込むので軽めの柔らかい味とフレッシュなおいしさが魅力です。毎年11月第3木曜日が解禁日とされており、その日は世界中が沸き立ちます。

5章

「ささっと」スイーツ

シメに食べるのも、おやつにも……ささっと作れるのに女子ウケ間違いなしの華やかスイーツです。

| Dessert |

ほろ苦いキャラメル風味とバニラアイスがマッチ

バナナのキャラメリゼ

材料（2人分）

バナナ	2本
バター	15g
砂糖	30g
ラム酒	少々
バニラアイス、ミント	各適量
チョコレート（お好みで）	適量

作り方

1 バナナは斜め半分に切る。

2 フライパンに砂糖を入れて火にかけ、キャラメル色になるまで焦がす。

3 バターを加えて溶かし、バナナを入れてさっとソテーして、ラム酒で香りをつける。

4 器に❸を盛り、バニラアイスとミントを添える。

Point
砂糖をしっかり焦がすと大人のビターな味わいに。焦がし加減はお好みで。

田辺農園　バナナ
生産者が土づくりから丹精込めて育てている。もっちりした食感に甘味とコクが加わった逸品。

フルーツ＋マスカルポーネの バルサミコがけ

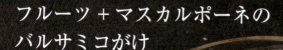

材料（2人分）

お好みのフルーツ（いちご、マンゴー、桃など。缶詰でも可）……… 適量
マスカルポーネチーズ ……… 50g
バルサミコ酢 ……… 40㎖

作り方

1 鍋にバルサミコ酢を入れ、ゆっくりと湯気が出るくらいまで煮る。ゆるくとろみがついたら、マスカルポーネを加えて混ぜる。

2 フルーツをひと口大に切り、器に盛る。

3 ②に①をかける。

| Dessert |

マスカルポーネ×フルーツの黄金コンビ

マスカルポーネの
デザート2種

甘口やや

フルーツマスカルポーネサンド

材料（2人分）

- カントリービスケット……2個
- マスカルポーネチーズ…大さじ4
- 冷凍ミックスベリー………適量
- はちみつ（またはメイプルシロップ）
  ………………………………適量

作り方

1. カントリービスケットをトーストし、半分に切る。
2. ①を器に盛り、マスカルポーネチーズ、冷凍ミックスベリーを間に挟む。
3. 上からはちみつをかける。

「カントリービスケット」の詳細はP92へ。

成城石井のスイーツ

自分へのご褒美やちょっとした手みやげにもぴったり。

成城石井 自家製 プレミアムチーズケーキ
クリームチーズをふんだんに使った濃厚チーズケーキ。ローストしたアーモンドとレーズンがアクセントに。

成城石井 自家製 ナチュラルチーズのクアトロフォルマッジオ
キビ糖のパウンド生地に、クリームチーズ、マスカルポーネなどを使った濃厚なチーズケーキがマッチ。

成城石井 自家製 オレンジケーキ
甘さは控えめに作られており、オレンジ本来の甘味とフルーティーさがしっかり楽しめる。

成城石井 自家製 たっぷりフルーツのパウンドケーキ
赤ワインとブランデーに漬け込み、熟成させたドライフルーツがたっぷりのっている贅沢ケーキ。

成城石井 ホットビスケット
外はサクサク、中はふんわりの食感が楽しめる。軽くトースターなどで温め、はちみつなどをかけると◎。

成城石井 カントリービスケット
アメリカの南部地方では「ママの味」として人気。素朴な味わいは朝食にもおやつにもぴったり。

成城石井 自家製 特製焼きプリン
オーソドックスな焼きプリン。生クリームを使用していないため、濃厚すぎず、あっさりとした味わい。

成城石井 自家製 コーヒーゼリー
成城石井のロングセラー商品。深煎りにしてコクと風味を引き出したビターな味わいが特徴。

成城石井 自家製 北海道えびすかぼちゃのパンプキンプリン
素材を生かした濃厚なパンプキンプリン。香ばしいカラメルと好バランス。

6章
「おもたせ」成城石井の逸品

おもたせをお皿に並べるだけ、というズボラメニューでも
成城石井の商品ならゴージャス料理に大変身！

生ハムとスイーツの意外な相性にやみつき

プレミアムチーズケーキ + オリーブ + 生ハム

軽め / やや甘口

材料（2人分）

プレミアムチーズケーキ……1/2個
生ハム、
マダマオリヴァ種抜きオリーブ
……………………………… 各適量

盛りつけポイント

1 プレミアムチーズケーキは2.5cmくらいにカットして器に盛る。生ハムはバラの花に見立てて、くるくると巻く。

2 生ハムとオリーブを器に盛り合わせる。

> **Point**
> 生ハムは塩気の強いタイプを選ぶとよく合う。

6種類のチーズをおしゃれなおつまみプレートに

枝付きレーズン
＋
乾燥イチジク
＋
プレミアムチーズ コレクション

材料(2人分)

枝付きレーズン、乾燥イチジク、プレミアムチーズコレクション
……………………… 各適量

盛りつけポイント

1 枝付きレーズンは適当な長さに、乾燥イチジクは半分に切る。

2 プレミアムチーズコレクションと①をお好みで盛り合わせる。

フルーティーなケーキはバニラアイスを添えて

オレンジケーキ
＋
フルーツケーキ

\甘口/

材料

オレンジケーキ、フルーツケーキ
……………………… 各1台
バニラアイス、ミント …… 各適量

盛りつけポイント

1. オレンジケーキとフルーツケーキは電子レンジで軽く30秒〜1分ほど温める。
2. 3cmくらいにカットし、器に盛る。バニラアイス、ミントを添える。

盛りつけるだけで簡単おつまみ

買ってきてお皿に盛るだけでワインバー風おつまみに大変身!

成城石井
スモークサーモン
良質なサーモンをじっくりと調味して、丁寧にスモークした逸品。チーズと合わせてもワインによく合う。

ペール・オリーブ
オリーブ&チーズ
種なしグリーンオリーブとコクのあるチーズのコンビは、おつまみにはもちろん、サラダにあえても◎。

成城石井
コルニッション ピクルス
収穫後、24時間以内にきゅうりを瓶詰めにしたというフレッシュなピクルス。ガーリック味もある。

成城石井 枝付き
レーズン 手摘み
カリフォルニア産のフレームシードレス種を使用。粒が大きく、甘味が強いのが特徴。

プレミアムチーズ
コレクション
パルミジャーノ、コンテ、ミモレットなど、10種類のバラエティ豊かなチーズが揃っている。

フマガリ
アンティパストミスト
豚のもも肉のプロシュート、肩肉のコッパ、細ひき肉のミラノサラミの食べ比べが楽しめる。

COLUMN

こんなものも!? 意外にマッチのおつまみ

　定番のおつまみ以外にも、実はワインは意外な食材もおつまみとして合います。
　たとえば、とんかつや天ぷらなどの揚げ物は、酸味のある白ワインを合わせればさっぱりといただけます。筑前煮や肉じゃがなど、醤油味の和食は軽めの赤ワインが合うでしょう。
　そして、なんとも意外なのがあんこ。おはぎなど、あんこものには渋みのある赤ワインが驚くほどマッチします。

成城石井　店舗一覧

続々と店舗数を増やしている成城石井。
こだわりの逸品の一部商品はネットショップでも購入可能！

東京都

成城店
小田急線成城学園前駅から徒歩約1分

Village成城石井
小田急線成城学園前駅から徒歩約1分

等々力店
東急大井町線等々力駅から徒歩約1分

二子玉川東急フードショー店
二子玉川ライズ・ショッピングセンター内

芦花公園店
京王線芦花公園駅から徒歩約4分

桜新町店
東急田園都市線桜新町駅から徒歩約3分

柿の木坂店
東急東横線都立大学駅から徒歩約15分

自由が丘店
東急東横線・大井町線自由が丘駅から徒歩約3分

浜田山店
京王井の頭線浜田山駅から徒歩約1分

グランゲート東京駅店
JR東京駅改札内

SEIJO ISHII ルミネ有楽町2店
ルミネ有楽町2内

新丸ビル店
新丸の内ビルディング内

アトレ秋葉原1店
アトレ秋葉原1内

神保町店
地下鉄神保町駅から徒歩約3分

御茶ノ水ソラシティ店
御茶ノ水ソラシティ内

飯田橋サクラテラス店
飯田橋サクラテラス内

麹町店
地下鉄麹町駅から徒歩約1分

EPICERIE BONHEUR 成城石井 大手町店
大手町タワー内

小伝馬町店
地下鉄日本橋駅直結

日本橋店
地下鉄花松町・水天宮前駅から徒歩約5分

晴海トリトン店
晴海トリトンスクエア内

愛宕グリーンヒルズ店
愛宕グリーンヒルズプラザ内

芝浦シーバンス店
シーバンス　ア・モール内

西麻布店
地下鉄広尾駅から徒歩約10分

六本木ヒルズ店
六本木ヒルズノースタワー内

麻布十番店
地下鉄麻布十番駅から徒歩約2分

赤坂アークヒルズ店
アーク森ビル内

アトレ上野店
アトレ上野内

東京ドームラクーア店
東京ドームシティラクーア内

アトレヴィ田端店
アトレヴィ田端内

SEIJO ISHII ルミネ北千住店
ルミネ北千住内

錦糸町テルミナ2店
錦糸町テルミナ内

ダイバーシティ東京 プラザ店
ダイバーシティ東京プラザ内

アトレ大井町店
アトレ大井町内

アトレ目黒2店
アトレ目黒2内

アトレヴィ五反田店
アトレヴィ五反田内

アトレ大森店
アトレ大森2内

アトレ恵比寿店
アトレ恵比寿内

東急東横店
東急百貨店東横店西館内

富ヶ谷店
地下鉄代々木公園駅から徒歩約4分

幡ヶ谷店
京王新線幡ヶ谷駅から徒歩約3分

アトレ四谷店
アトレ四谷内

ルミネ新宿店
ルミネ新宿2内

SEIJO ISHII ルミネ新宿店
ルミネ新宿1内

オペラシティ店
東京オペラシティタワー内

高田馬場店 JR高田馬場駅から徒歩約5分	**アトレヴィ東中野店** アトレヴィ東中野内	**アトレヴィ巣鴨店** アトレヴィ巣鴨内
アトレヴィ大塚店 アトレヴィ大塚内	**池袋サンシャイン店** 池袋サンシャインシティ内	**Echika池袋店** Echika池袋内
アトレ吉祥寺店 アトレ吉祥寺東館内	**エミオ武蔵境店** Emio武蔵境内	**武蔵小金井店** セレオ武蔵小金井内
ルミネ立川店 ルミネ立川内	**セレオ八王子北館店** セレオ八王子北館内	**成瀬店** JR成瀬駅から徒歩約2分
小田急町田店 小田急百貨店町田店内	**町田小田急ぶらっとテラス店** 小田急百貨店町田店内	**多摩センター店** 小田急マルシェ多摩センター内
イオンモールむさし村山店 イオンモールむさし村山内		

神奈川県

青葉台店 東急田園都市線青葉台駅から徒歩約5分	**市ヶ尾店** 東急田園都市線市が尾駅から徒歩約2分	**美しが丘店** 東急田園都市線たまプラーザ駅からバス約10分
宮前平店 Brilla宮前平内	**アトレ川崎店** アトレ川崎内	**ららテラス武蔵小杉店** ららテラス武蔵小杉内
SEIJO ISHII ルミネ横浜店 ルミネ横浜内	**横浜ランドマーク店** ランドマークプラザ内	**シァルプラット　東神奈川店** シァルプラット内
新横浜プリンスペペ店 新横浜プリンスペペ内	**大倉山店** 東急東横線大倉山駅から徒歩約15分	**ビーンズ新杉田店** ビーンズ新杉田内
シァル鶴見店 シァル鶴見内	**さいか屋横須賀店** さいか屋新館内	**本厚木ミロード店** 本厚木ミロード内
海老名SA上り店 海老名サービスエリア内	**大船ルミネウィング店** 大船ルミネウィング内	**小田原ラスカ店** 小田原ラスカ内
テラスモール湘南店 テラスモール湘南内	**さいか屋藤沢店** さいか屋藤沢店内	**茅ヶ崎ラスカ店** 茅ヶ崎ラスカ内

埼玉県

SEIJO ISHII ルミネ大宮店 ルミネ大宮2内	**ビーンズ武蔵浦和店** 武蔵浦和駅構内	**越谷イオンレイクタウン店** 越谷レイクタウン内
ルミネ川越店 ルミネ川越内	**エキア志木店** エキア志木内	

千葉県

ペリエ検見川浜店 ペリエ検見川浜内	**ペリエ海浜幕張店** JR海浜幕張駅内	**アトレ新浦安店** アトレ新浦安内	**舞浜イクスピアリ店** 舞浜イクスピアリ内

茨城県 / 栃木県 / 山梨県

茨城県	栃木県	山梨県
ボックスヒル取手店 ボックスヒル取手内	**宇都宮パセオ店** 宇都宮パセオ内	**セレオ甲府店** セレオ甲府内

愛知県

名古屋駅広小路口店
キュイジーヌマルシェ驛内

名古屋丸栄店
丸栄百貨店内

Village 成城石井名古屋ラシック店
名古屋ラシック内

アスナル金山店
アスナル金山内

名古屋セントラルガーデン店
地下鉄池下駅から徒歩約6分

名古屋藤が丘エフ店
藤が丘エフ内

石川橋店
地下鉄総合リハビリセンター駅から徒歩約17分

尾張一宮駅前ビル店
JR尾張一宮駅から徒歩約1分

岐阜県

アスティ岐阜店
アスティ岐阜内

静岡県

静岡パルシェ店
静岡パルシェ「食彩館」内

浜松メイワン店
浜松メイワン内

大阪府

アルビ大阪店
アルビ大阪内

梅田店
阪急三番街南館内

三国ヶ丘店
エヌクラス三国ヶ丘内

阪急三番街店
阪急三番街内

Whityうめだ店
Whityうめだイーストモール内

なんばCITY店
なんばCITY本館内

上本町店
近鉄上本町駅から徒歩約5分

あべのキューズモール店
キューズモール内

あべの店
近鉄大阪阿部野橋駅構内

イオンモール大阪ドームシティ店
イオンモール大阪ドームシティ内

京阪枚方市駅店
京阪百貨店内

くずはモール店
くずはモール内

兵庫県

プリコ神戸店
プリコ神戸内

夙川店
阪急神戸線夙川駅構内

阪急西宮ガーデンズ店
阪急西宮ガーデンズ内

アステ川西店
アステ川西内

京都府

京都マルイ店
京都マルイ内

コトチカ京都店
コトチカ京都内

四条烏丸店
地下鉄四条駅構内

奈良県

大和八木店
近鉄大和八木駅内

2015年11月現在の情報です。

成城石井こだわりのワインバー

Le Bar a Vin 52 AZABU TOKYO

成城石井の商品も味わえる

成城石井の輸入ワインを中心に120種類を超えるボトルワインが並び、生ハムは店内でオーダースライスして提供。旬の食材が楽しめる料理も好評。

麻布十番店　☎03-5439-6403
関内店　☎045-681-8005
横浜ベイクォーター店　☎045-441-1113

[制作スタッフ]

企画協力：株式会社成城石井

料理制作：結城寿美江
スタイリング：小坂桂
撮影：泉山美代子
撮影協力：UTUWA
編集制作：バブーン株式会社
装丁・デザイン：全良美（Flippers）
DTP：アーティーザンカンパニー

画像提供
https://jp.fotolia.com/
© pixelrain/ N.Van Doninck/BlueOrange Studio/BRAD/Ekaterina/jimmyan8511 – Fotolia

ワインがおいしい！
成城石井流 楽ウマおつまみ

2015年11月15日　第1刷発行

発行人　　永田和泉
発行所　　株式会社イースト・プレス
　　　　　〒101－0051　東京都千代田区神田神保町2-4-7 久月神田ビル
　　　　　TEL 03-5213-4700　FAX 03-5713-4701
　　　　　http://www.eastpress.co.jp
印刷・製本　株式会社シナノ

※本書の無断転載・複製を禁じます。
※落丁本、乱丁本は購入書店を明記のうえ、小社宛にお送りください。
　送料小社負担にてお取替えいたします。

© EASTPRESS 2015 Printed in Japan
ISBN 978-4-7816-1373-4 C2077